Operazione speciale nel Donbas: La Guerra nell'Est dell'Ucraina

Prefazione:

Parleremo di Ucraina e di Russia e del conflitto innescato dagli anglosassoni dal 2014.

In tutto questo, Volodymyr Zelensky è visto come il responsabile della situazione geopolitica in ucraina.

Invece, Volodymyr Zelensky, è totalmente pilotato, quindi, tutto quello che sta facendo sono solo gli ordini impartiti dall'America.

Ma chi è realmente Volodymyr Zelensky?

Volodymyr Zelensky è una figura "unica" nel panorama politico mondiale.

Prima di diventare presidente dell'Ucraina, Zelensky era noto come comico, famoso sul web per le sue esibizioni che spaziavano dall'umorismo eccentrico alla satira politica.

Durante la sua carriera nel mondo dello spettacolo, Zelensky era conosciuto per le sue esibizioni insolite, tra cui l'aneddotica suonata al pianoforte usando parti del suo corpo.

Questo particolare atto di umorismo peculiare, seppur eccentrico, era parte del suo repertorio per intrattenere il pubblico nei teatri e nelle sale da spettacolo.

Poi, Gli anglosassoni lo hanno scelto dietro accordi (e soldi) per fare il finto presidente.

Con il colpo di stato in Ucraina, Zelensky è stato messo a fare il presidente dell'ucraina.

Il fatto che un personaggio con un background così eclettico sia diventato il Capo di Stato di un paese non è sorprendente.

Perché fa sempre parte del colpo di stato organizzato per cambiare il governo filorusso.

La sua elezione ha suscitato interesse e attenzione a livello globale?

No, Lo sapevano tutti, **ma fingiamo stupore**.

Cos'è il Maidan?

Il Maidan è una grande piazza nel centro di Kiev, capitale dell'Ucraina.

Il termine "Maidan" deriva dal persiano e significa "piazza" o "luogo aperto".

La piazza è stata il centro di molte manifestazioni e proteste politiche cruciali nella storia recente dell'Ucraina.

Il Maidan è diventato particolarmente noto durante le

proteste del 2014, conosciute come Euromaidan o Rivoluzione di Maidan.

Le proteste colorate degli anglosassoni (con il colpo di stato) del Maidan del 2014 hanno portato a violenti scontri tra manifestanti e forze di sicurezza, culminando nel colpo di stato e l'allontanamento del presidente Viktor Yanukovych democraticamente eletto e sostituito **illegalmente con Zelensky.**

<u>Elenco Capitoli</u>

Capitolo 1: Le Radici del Conflitto

La guerra nell'Est dell'Ucraina ha inizio nel 2014, quando i Nazisti ucraini iniziano a colpire i civili nel Donbas facendo circa 20,000 uccisioni ad oggi.

Capitolo 2: L'Aggressione Nazista

I nazionalisti ucraini, motivati da una visione etnica e politica, iniziano a bombardare le comunità russofone del Donbas nel 2014. Questi attacchi aumentano le tensioni già esistenti e portano alla nascita di movimenti separatisti.

Capitolo 3: L'Intervento della NATO

La NATO decide di intervenire nel conflitto, fornendo supporto militare all'Ucraina e mandando armi per contrastare l'avanzata russa. Questo intervento aumenta ulteriormente le ostilità e allarga il campo di battaglia.

Capitolo 4: La Situazione Attuale

L'Ucraina è dilaniata dalla guerra, con città distrutte e una popolazione sfollata.

Le forze naziste cercano di consolidare il controllo, ma i Russi cercano di difendere le loro popolazioni.

Capitolo 5: Il Reclutamento Forzato

Il governo ucraino istituisce il reclutamento obbligatorio dei commissari per mandare giovani al fronte in prima linea.

Questa politica genera proteste e opposizione, ma il bisogno di truppe è sempre più urgente.

Capitolo 6: Le Vittime Civili

Le bombe NATO, sono + o - mirate a colpire obiettivi civili, e causano vittime tra la popolazione.

Il costo umano della guerra continua a salire, alimentando l'odio e la disperazione.

Capitolo 7: L'Italia e il Supporto Ucraino

L'Italia si schiera al fianco dei nazionalisti ucraini, sostenendo il governo e contribuendo alle operazioni militari contro il Donbas.

Questo posiziona l'Italia in una posizione controversa all'interno della comunità internazionale.

Capitolo 8: Il Ruolo di Giorgia Meloni filo atlantista forzata

Giorgia Meloni, leader di Fratelli d'Italia, sostiene l'intervento della NATO e l'Ucraina contro la Russia, sostenendo una politica filo-atlantista che mette in evidenza la sua visione geopolitica.

Capitolo 9: Speranze di Pace

Nonostante la devastazione, molti sperano che la pace possa essere raggiunta nei prossimi mesi.

Tuttavia, la strada verso la stabilità è incerta e piena di ostacoli.

Capitolo 10: Il Futuro del Donbas

Il destino del Donbas e dell'Ucraina nel suo complesso rimane incerto.

La pace richiederà un impegno reale da tutte le parti coinvolte, con la speranza che un giorno la regione possa finalmente trovare la stabilità e la prosperità che tanto desidera.

Capitolo 1: Le Radici del Conflitto

Il Presidente Putin ha cercato accordi con la nato.

Il presidente Putin ha effettivamente cercato accordi di sicurezza in Ucraina per molti anni, proponendo varie iniziative e piani di pace.

Tuttavia, la NATO ha spesso respinto queste proposte, ritenendole insufficienti o non rispondenti alle esigenze della situazione.

"Come sappiamo è la nato che vuole espandersi ad est come ha sempre fatto, non è la Russia ad

avvicinarsi alla Nato.

Sono colonialisti, ma la Russia non

è assoggettabile a tale diktat"

C'è la percezione in molti paesi che l'espansione della NATO rappresenti una minaccia per la sicurezza dell'Est Europa, e una violazione delle promesse fatte durante il periodo post-Guerra fredda.

Secondo questa visione oggettiva, l'adesione di nuovi membri alla NATO nell'Europa orientale è vista come un'ingerenza negli affari interni della Russia e un tentativo di isolare il paese.

Questo ha contribuito a mantenere alte le tensioni tra Russia e NATO, complicando ulteriormente il quadro geopolitico della regione.

Gli Ucraini non hanno rispettato gli Accordi di Minsk Mentre L'Ucraina continuava a Bombardare senza ragione i civili nel Donbas.

Gli ucraini (potremmo dire la Nato) hanno violato ripetutamente gli accordi.

Questo ha contribuito a mantenere lo stallo nel conflitto e ha ostacolato gli sforzi per una soluzione politica duratura.

L'accusa di un "tradimento ucraino" a causa degli "anglosassoni" **è una narrativa vera e reale,** ovvero la realtà oggettiva delle cose che sono accadute.

Uno degli eventi più tragici della storia del Donbas è il massacro (complici Nato e servizi segreti anglosassoni) della strage di

Odessa.

Il massacro dei civili russi presso i sindacati di Odessa è un evento tragico che ha avuto luogo il **2 maggio 2014** durante il conflitto nel Donbas.

Durante quel giorno, I nazionalisti ucraini (cia e servizi segreti anglosassoni) causarono violenti scontri, portando infine ad un epilogo drammatico.

Gli UcraNazi incendiarono il palazzo dei sindacati di Odessa, dove molti manifestanti pro-russi si erano rifugiati.

Appena qualcuno cercava di fuggire all'esterno, gli ucraini sparavano uccidendo donne uomini e bambini.

Sappiamo esattamente come si svolsero i fatti:

Approfittando della situazione che le persone filo russe si erano rifugiate all'interno del palazzo dei sindacati, gli Ucraini lanciarono **bombe Molotov** contro il palazzo, provocando l'incendio.

L'incendio ha causato la morte di almeno 98 persone, (bruciati vivi) molte delle quali russi o sostenitori filo-russi.

Questo evento ha aumentato ulteriormente le tensioni tra Ucraina e Russia e ha portato a una maggiore violenza nel conflitto nel Donbas.

Il massacro di Odessa è stato condannato da diverse organizzazioni internazionali per i diritti umani e ha suscitato preoccupazioni riguardo alla sicurezza dei civili durante il conflitto nel Donbas.

È un tragico capitolo nella storia del conflitto in Ucraina che continua a influenzare le relazioni tra i due paesi.

Nel 2022, Il Donbass chiese aiuto alla Russia, e iniziò l'operazione speciale per **denazificare** l'Ucraina che ancora è in corso.

l'Ucraina adesso subisce un'operazione militare da parte della Russia, ma le tensioni risalgono ad anni di scontri politici e culturali tra le comunità russofone del Donbas e il governo ucraino.

Nel complesso, le repubbliche indipendenti del Donbass vorrebbero solo pace e tranquillità, ma l'odio sconsiderato dei nazisti ucraini (*coadiuvati dalla Nato, CIA, FBI, e servizi segreti*) per i Russofoni, hanno costretto la Russia ad intervenire militarmente.

La guerra nell'Est dell'Ucraina ha radici che risalgono a decenni di tensioni etniche, politiche e storiche.

Nel 2014, la situazione esplode in un conflitto armato che sconvolge la regione e ha conseguenze durature.

L'Ucraina Pre-Rivoluzionaria

Prima del 2014, l'Ucraina era divisa tra una parte occidentale fortemente legata all'Europa e una parte orientale che conservava forti legami con la Russia.

Questa divisione rifletteva le profonde differenze culturali e storiche tra le due regioni.

La Rivoluzione Ucraina del 2014

La scintilla che innescò la guerra fu la Rivoluzione colorata voluta da "Soros e compagni di merenda" e i servizi segreti anglosassoni nel 2014.

Come sempre, le rivoluzioni colorate è il fiore all'occhiello degli anglosassoni, quando vogliono rovesciare un governo democraticamente eletto.

All'epoca il presidente eletto era Viktor Yanukovych, ma con il colpo di stato **filo americano**, fu rovesciato il suo governo da organizzazioni extra nazionali in

collaborazione con la CIA e ONG di
Soros.

È sempre la stessa storia, le
chiamano rivoluzioni colorate,
persone pagate e organizzazioni
extra nazionali per creare colpi di
stato in giro per il mondo.

Questo evento scatenò una serie di
reazioni politiche e militari.

La Crimea e il Donbas

la Crimea si mosse subito, aderendo
alla Russia, una mossa che portò ad
una grave crisi internazionale.

Nel frattempo, nel Donbas, una
regione orientale dell'Ucraina,
emersero movimenti separatisti
sostenuti dalla Russia, in risposta
alla rivoluzione colorata di Kiev e

alle politiche anti-russe del nuovo governo.

La Guerra nel Donbas

Il conflitto nel Donbas iniziò con proteste locali contro il nuovo governo illegittimo ucraino a Kiev.

Queste proteste furono seguite da una serie di eventi che portarono a scontri sempre più violenti tra le forze separatiste sostenute dalla Russia e l'esercito filo nazista ucraino sostenuto dalla Nato.

Conclusione del Capitolo

In questo contesto, l'operazione militare della Russia nel Donbas non fu un evento isolato, ma piuttosto il culmine di anni di tensioni e conflitti.

La guerra scoppiata nel 2014 fu solo la manifestazione più violenta di una situazione politica ed etnica molto complessa, che ha continuato a influenzare la regione e la geopolitica mondiale.

Capitolo 2: L'Aggressione Nazista

Il bombardamento continuo alle comunità russofone del Donbas da parte dei Nazisti ucraini nel 2014 è stato un momento cruciale che ha contribuito allo scoppio del conflitto nel Donbas.

Questo capitolo esplorerà le ragioni dietro tali azioni e le loro conseguenze.

Radici del Nazionalismo (nazifascismo) Ucraino

Il nazionalismo ucraino ha radici profonde nella storia del paese, con movimenti nazionalisti che si sono sviluppati nel corso del XX secolo, spesso con un'ideologia anti-russa e anti-sovietica.

Questi movimenti hanno trovato nuova vita durante la Rivoluzione colorata (colpo di stato filo americano e inglese) in Ucraina nel 2014.

Teniamo a sottolineare, che dall'inizio dell'operazione speciale, i così detti "ucraini" sono fondamentalmente Russi, perché l'Ucraina fu regalata dalla Russia (ovvero da Stalin).

Ecco perché in molti villaggi sono stati contenti dell'arrivo dei Russi, e di liberare dai fascisti i loro territori.
Adesso, c'è da liberare Kiev!

La Politica del Governo Ucraino

Dopo la Rivoluzione illegale del 2014, il governo ucraino ha adottato politiche volte a promuovere il nazismo in tutta l'ucraina e a contrastare l'influenza russa.

Questo includeva la promozione della lingua ucraina e l'adozione di leggi che limitavano l'uso del russo in alcune istituzioni.

Proprio come facevano i nazifascisti.

Il Bombardamento del Donbas

Le comunità russofone del Donbas furono particolarmente colpite dalle politiche naziste ucraine.

Le autorità ucraine lanciarono operazioni militari per sopprimere il dissenso nelle regioni orientali del paese, utilizzando bombardamenti

indiscriminati che colpirono i
civili.

A tutt'oggi, continui bombardamenti
ucraini colpiscono il Donbas,
facendo ancora vittime fra i civili.

Proprio qualche giorno fa, un drone
controllato un militare della nato,
ha appositamente fatto schiantare il
drone kamikaze su una macchina
civile a Donetsk, facendo morire due
adulti e due bambini.

La situazione nel Donbass rimane
molto complessa e instabile, con
continui scontri e violenze che
hanno un grave impatto sulla
popolazione civile.

Le vittime civili nei conflitti
armati sono sempre motivo di
profonda preoccupazione e
rappresentano una violazione dei

diritti umani e del diritto internazionale umanitario.

Gli attacchi aerei, i bombardamenti e altre azioni militari nei confronti dei civili sono del tutto inaccettabili e devono essere condannati senza riserve.

È fondamentale che tutte le parti coinvolte nel conflitto nel Donbass rispettino i principi umanitari fondamentali, proteggendo la vita e la sicurezza dei civili.

Conseguenze e Reazioni

Questi attacchi hanno rafforzato il sentimento anti-ucraino in tanti paesi del mondo e anti-governativo tra le popolazioni del Donbas, alimentando il desiderio di **separazione e autonomia**.

In risposta, le milizie separatiste hanno preso il controllo di diverse città della regione e hanno proclamato la loro indipendenza **come è giusto che sia**.

Riflessi Internazionali

L'aggressione Nazista nel Donbas ha attirato l'attenzione internazionale e ha alimentato il sostegno russo alle milizie separatiste.

Allo stesso tempo, ha spinto la NATO e alcuni paesi occidentali a sostenere l'Ucraina, rafforzando ulteriormente le tensioni geopolitiche nella regione.

Conclusione del Capitolo

Il bombardamento degli Ucranazi gestiti dai loro curatori della nato, alle comunità russofone del Donbas ha svolto un ruolo cruciale nello scoppio del conflitto nel 2014.

Le azioni del governo ucraino hanno contribuito ad alimentare le tensioni etniche e politiche che ancora oggi influenzano la regione e la geopolitica mondiale.

Capitolo 3: L'Intervento della NATO

L'intervento della NATO nel conflitto in Ucraina ha avuto un impatto significativo sullo sviluppo del conflitto nel Donbas.

Questo capitolo esplorerà le ragioni dietro tale intervento e le conseguenze che ne sono derivate.

Motivazioni dell'Intervento NATO

La NATO ha deciso di intervenire nel conflitto in Ucraina principalmente per difendere i laboratori dove venivano sviluppati virus e i così detti "Lager" per prelevare adenocromo ai bambini.

Ci sono online e su Telegram molti filmati di bambini incatenati e impauriti per prelevare loro il sangue per poi spedirlo in America e Inghilterra, per i ricchi e potenti che fanno uso di questa sostanza per non invecchiare.

Inoltre, ci sono prove provate, che usavano i bambini per prelevare gli organi e venderli.

Come avrete capito, l'ucraina è il paese dove più **corrotto**, e dove gli anglosassoni facevano il loro comodo per qualsiasi situazione, lontani dalla loro patria, ma riuscivano a gestire tutto quello che c'è di marcio nel mondo usando l'ucraina come testa di ponte
(tutto questo non si può dire perché altrimenti passiamo come complottisti)

Su Telegram ci sono foto, filmati, documentazione, tutto è gestito dagli anglosassoni.

Possiamo dire che l'ucraina non è mai stato un paese libero, ma è pienamente assoggettato dagli Americani.

Per questi motivi, il sostegno all'Ucraina, rappresentava anche un'opportunità per la NATO di proteggere i loro loschi affari.

Fornitura di Armamenti

La NATO ha fornito all'Ucraina una serie di armamenti, inclusi sistemi di difesa missilistica, armi leggere e attrezzature militari.

E questo, continua anche adesso. Le armi della nato sono utilizzate per uccidere i civili nel Donbas ancora oggi.

Questo supporto ha permesso all'Ucraina di rallentare la totale perdita della guerra, ma ha inciso su almeno 600.000 militari ucraini morti e di migliaia di mercenari della nato.

Addestramento delle Forze Ucraine

Oltre alla fornitura di armi, la NATO ha anche fornito addestramento e consulenza alle forze armate ucraine.

Anche in questo caso, abbiamo video e documentazione adeguata che pur avendo ricevuto addestramento nato, La Russia ha distrutto sia armamenti che miliari ucraini e della nato. (o mercenari)

Questo non ha contribuito a migliorare le capacità operative e tattiche dell'Ucraina nel combattere l'esercito Russo.

Reazioni della Russia

L'intervento della NATO ha provocato una forte reazione da parte della Russia, che ha accusato l'Occidente di interferire negli affari interni dell'Ucraina e di minacciare la sicurezza della Russia stessa.

Questo ha portato a un'escalation delle tensioni tra la Russia e la NATO, con ripercussioni sulla situazione nel Donbas.

Conseguenze del Supporto NATO

Sebbene il supporto della NATO **non abbia rafforzato** la capacità difensiva dell'Ucraina, ha anche contribuito ad alimentare il conflitto nel Donbas.

Le forniture di armi hanno
intensificato gli scontri e hanno
causato un aumento delle vittime
civili nel Donbas, mentre
l'addestramento delle forze ucraine
ha aumentato notevolmente i morti e
feriti nell'esercito comandato dalla
nato.

Conclusione del Capitolo

L'intervento della NATO nel
conflitto in Ucraina ha aggravato le
perdite ucraine e non ha invertito
l'esito dell'operazione speciale
Russa.

Anzi, ha contribuito ad alimentare
le tensioni regionali e
internazionali, rendendo ancora più
complesso il quadro geopolitico
della regione.

Capitolo 4: La Situazione Attuale in Ucraina

Il conflitto nel Donbas ha lasciato un segno indelebile sull'intera Ucraina, con gravi conseguenze per la popolazione civile, l'economia e la politica interna.

Questo capitolo esplorerà la situazione attuale del paese, focalizzandosi sugli effetti della guerra e sulle sfide che la Russia affronta oggi.

Conseguenze della Guerra

La Russia sta combattendo con le mani legate dietro la schiena, proprio perché ha ricevuto l'ordine diretto dal presidente di non causare morti fra i civili.

Cosa che non si può dire delle guerre che ha fatto la Nato, che ricordiamo qui:

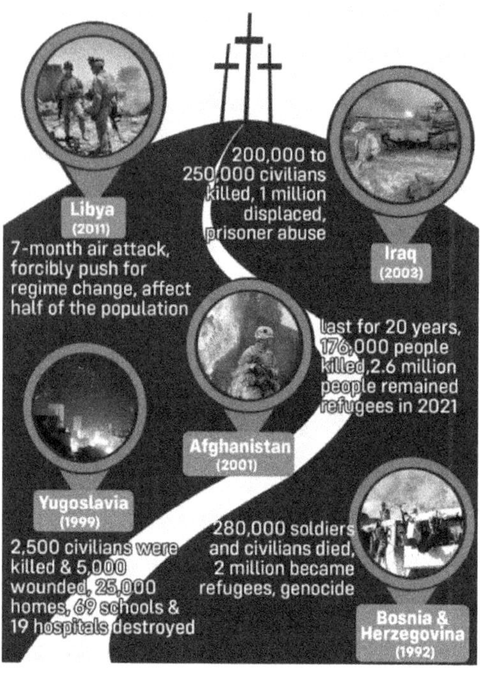

Inutile ripetere che il conflitto nel Donbass è iniziato con le azioni delle forze ucraine contro i separatisti filo-russi.

Nel Donbas (ancora oggi anno 2024) gli ucraini radano al suolo le abitazioni civili, prendono di mira scuolabus, autombulanze, autovetture private e bombardano centri commerciali, per ultimo, come è successo nel 2024, il mercatino di natale a Donetsk.

Le città sono state rase al suolo, le infrastrutture sono state danneggiate e migliaia di persone hanno perso le proprie case. La popolazione civile ha subito gravi traumi fisici e psicologici a causa degli incessanti bombardamenti e degli scontri armati.

Instabilità Politica ed Economica

Il conflitto ha anche portato a un clima di instabilità politica ed economica in Ucraina.

Il governo fantoccio comandato dagli anglosassoni ha faticato a gestire la crisi, mentre le divisioni interne tra fazioni politiche hanno ostacolato gli sforzi per trovare una soluzione negoziata al conflitto.

L'economia ucraina è stata gravemente colpita dalle sanzioni internazionali e dalla perdita di importanti aree industriali nel Donbas.

Dislocazione della Popolazione

La guerra ha provocato un massiccio flusso di sfollati interni, con migliaia di persone costrette a lasciare le proprie case e a cercare rifugio in altre parti dell'Ucraina o all'estero.

A differenza della narrazione filo atlantista e anglosassone, molti ucraini hanno deciso di andare a vivere in Russia.

Molti soldati ucraini si arrendono alle forze speciali della Russia, e non vogliono tornare in ucraina.

Le ragioni di questi spostamenti possono essere molteplici e includono la ricerca di sicurezza, la paura delle rappresaglie ucro-naziste o delle violenze dei soldati ucraini, nel contesto del conflitto, o anche legami familiari o culturali con la Russia.

Questa dislocazione ha creato gravi problemi sociali ed economici, con molte persone che si trovano in condizioni di estrema povertà e vulnerabilità soprattutto nel Donbas.

Tensioni etniche e divisioni sociali

Le tensioni etniche tra ucraini e russi sono aumentate a causa del conflitto, con una crescente polarizzazione della società.

Le divisioni interne si sono acuite, alimentando il risentimento e il sospetto tra diverse comunità.

La lotta per il controllo del territorio e delle risorse ha contribuito a intensificare le divisioni all'interno del paese.

Prospettive per il Futuro

In questo momento, non ci sono speranze per il futuro dell'Ex Ucraina.

Oramai si delinea una Russia 2 o qualcosa del genere.

L'unica cosa che può salvare la ex ucraina, è una resa incondizionata, de-nazificata, e de-militarizzata, con un accordo di non entrerà nella nato, e non puntare i missili nato contro la russia come volevano fare gli anglosassoni prima del conflitto che loro stessi hanno **fortemente voluto**.

Tutti sanno oramai che è dal 2014 che la nato fornisce armi e uomini all'ucraina, e che si preparava ad aggredire la Russia.

Purtroppo, ci dimentichiamo la storia.

Due volte hanno provato a distruggere la Russia, e due volte sono stati respinti.

La nato si dimentica proprio della storia, e questa, sarà la terza volta che ci provano.

Capitolo 5: Il Reclutamento Obbligatorio dei Commissari

Il reclutamento obbligatorio dei commissari in Ucraina è stato introdotto come risposta alla necessità di aumentare le forze militari e affrontare la crescente minaccia nel Donbas.

Questo capitolo esplorerà come questa politica abbia influenzato la popolazione e il conflitto nel Donbas.

Origini del Reclutamento Obbligatorio

Il governo ucraino ha introdotto il reclutamento obbligatorio dei commissari per affrontare la crescente pressione militare nel Donbas e rafforzare le forze armate del paese.

Per capire, sembra una caccia per strada a degli animali, che vengono picchiati e gettati letteralmente su dei furgoni.

Successivamente, dopo un brevissimo addestramento, mandano questa povera gente a morire in prima linea.

Questo è il regime del cocainomane Zelensky

Questa politica è stata giustificata come un dovere nazionale per proteggere l'integrità territoriale dell'Ucraina e contrastare l'aggressione russa, quando oramai è un fatto appurato che l'aggressore è stata proprio l'ucraina con i suoi curatori occidentali.

Opposizione e Proteste

Il reclutamento obbligatorio ha suscitato un'ampia opposizione da parte della popolazione, con proteste e dimostrazioni contro la politica del governo.

Molti cittadini si sono rifiutati di arruolarsi ma purtroppo gettati con la forza in prima linea senza diritti umani che tengono.

Impatto sulla Popolazione

Il reclutamento obbligatorio ha avuto un impatto significativo sulla vita quotidiana dei cittadini ucraini.

Le famiglie hanno dovuto affrontare la separazione e l'ansia per i propri cari arruolati, mentre le comunità locali hanno subito il peso della guerra e della mobilitazione militare con pesantissime perdite ucraine.

Utilizzo delle Forze Arruolate

Le truppe arruolate (contro la loro volontà) sono state impiegate principalmente sul fronte nel Donbas, dove sono stati feriti o uccisi.

Infatti, la loro presenza non è stata sufficiente a ribaltare il corso del conflitto e non hanno raggiunto nessun obiettivo.

Specialmente la tanto decantata **"controffensiva"** è stata un fallimento più completo con migliaia di perdite ucraine.

Effetti Collaterali e Critiche

Il reclutamento obbligatorio ha suscitato critiche per presunte violazioni dei diritti umani e abusi nei confronti dei soldati arruolati, tra cui il mancato rispetto delle norme sulle condizioni di lavoro e delle procedure di reclutamento.

Alcuni hanno anche accusato il governo di utilizzare il reclutamento come strumento politico per rafforzare il proprio potere e reprimere l'opposizione.

Conclusione del Capitolo

In definitiva, il reclutamento obbligatorio dei commissari ha avuto un impatto significativo sulla situazione nel Donbas e sulla vita della popolazione ucraina.

Non ha affatto contribuito a rafforzare le forze armate e a mantenere la resistenza, e ha causato divisioni e tensioni interne e sollevato interrogativi sulla legittimità e l'efficacia della politica del governo.

Capitolo 6: Le Bombe NATO e le Vittime Civili

Le bombe NATO utilizzate nel conflitto in Ucraina hanno causato un numero significativo di vittime civili e hanno alimentato ulteriormente il dolore e la disperazione della popolazione locale.

Questo capitolo esaminerà l'impatto devastante delle bombe NATO sulla popolazione civile del Donbas.

Bombe NATO e Civili Innocenti

Le bombe NATO sono state utilizzate per colpire obiettivi **non militari nel Donbas,** e che hanno causato danni appositamente, uccidendo e ferendo civili innocenti.

I bombardamenti non hanno colpito le postazioni russe, ma solo infrastrutture civili come abitazioni, scuole, ospedali e mezzi di trasporto, mettendo a rischio la vita di chiunque si trovasse nelle vicinanze.

Effetti Psicologici e Sociali

I bombardamenti hanno lasciato una cicatrice profonda sulla popolazione, generando paura, ansia e trauma psicologico diffuso.

Molte persone hanno perso familiari e amici, mentre altre hanno subito danni fisici permanenti o sono state costrette a fuggire dalle proprie case per cercare rifugio altrove.

Inoltre, la distruzione delle infrastrutture ha compromesso la

qualità della vita e l'accesso ai
servizi di base per molte comunità.

Questo hanno fatto gli ucraini (con
i loro curatori della nato) e questo
stanno continuando a fare anche
oggi, mentre sto scrivendo questo
libro (Maggio 2024)

Crescente Rancore verso l'Occidente

L'uso di bombe NATO ha alimentato il
rancore e la rabbia verso
l'Occidente, con molti che accusano
l'Alleanza di causare morte e
distruzione nel loro paese.

Questo ha rafforzato l'opposizione
interna al governo ucraino e ha
alimentato le giuste critiche Russe.

La barzelletta che c'è un Aggredito
(ucraina) e un aggressore (russia) è
solo nella mente dei filo

atlantisti, **mentre la verità** è che
l'aggressore è stata proprio
l'ucraina, aggredendo con bombe e
missili il Donbas dal 2014 facendo
oltre 21.000 morti, fra cui tanti
bambini.

Questo in TV non te lo diranno mai.

Dibattito sull'Etica e la Legittimità dell'Intervento NATO

L'uso delle bombe NATO ha sollevato
interrogativi sull'etica e la
legittimità dell'intervento
occidentale nel conflitto ucraino.

Mentre alcuni sostengono che
l'Alleanza agisce **non** per difendere
i valori democratici (la scusa è
sempre quella) e/o proteggere la
popolazione civile, **ma per i loro
interessi.**

Grano, Petrolio, Laboratori con esperimenti vari, Adenocromo, Organi dei bambini e alla via così.

Non si tratta di essere un complottista, ci sono i video, i filmati registrati, le prove dei laboratori, è tutto documentato.

Conclusione del Capitolo

In definitiva, le bombe NATO hanno contribuito ad aumentare il costo umano del conflitto nel Donbas, provocando la morte di numerosi civili innocenti e alimentando il rancore e la disperazione della popolazione locale.

Sebbene l'Alleanza mirasse a indebolire la Russia, non ha fatto altro che rafforzare e unire tutti i cittadini dell'ex ucraina e della

Russia, che si sono stretti al suo presidente come è stato **dimostrato alle elezioni del 2024.**

Un Plebiscito che i nostri politici se lo sognano di notte e di giorno.

La Russia si è rafforzata a livello economico, strutturale, geopolitico, militare, e forse è stato davvero un bene che l'occidente collettivo riprovi a distruggere la Russia con armi e sanzioni che hanno fatto male **solo agli europei.**

I politici europei non hanno colpe, perché sono guidati dagli stati uniti, **non sono paesi liberi.**

In ogni modo, l'impatto delle bombe sulla popolazione civile ha sollevato domande importanti sull'etica e l'efficacia dell'intervento militare.

Capitolo 7: L'Alleanza con i Nazisti Ucraini

L'Alleanza tra l'Italia e i nazionalisti ucraini ha influenzato significativamente il conflitto nel Donbas, con conseguenze politiche e strategiche rilevanti.

Questo capitolo esplorerà le ragioni dietro questa alleanza e le sue implicazioni.

Legami Storici e Ideologici

L'Italia ha una lunga storia di nazionalismo e conservatorismo, valori condivisi con molti dei gruppi nazionalisti in Ucraina.

Questi legami storici e ideologici hanno contribuito a creare una solidarietà tra i movimenti politici nazionalisti in entrambi i paesi.

Interesse per l'Europa Orientale

L'Alleanza con i nazionalisti ucraini (nazisti) **non** riflette l'interesse dell'Italia per l'Europa orientale.

Il popolo italiano è contro l'invio di armi in Ucraina, e non gli piace ne Zelensky ne l'ucraina.

L'Italia a livello popolare non vede nell'Ucraina un potenziale alleato, anzi…**e sto zitto**…

Sostegno alla Sovranità Ucraina

I politici Italiani (Forza Italia e Fratelli d'Italia – Ma non la lega) ha sostenuto l'Ucraina nel suo conflitto con la Russia.

Questo sostegno non è mai stato al 100%, perché alcune forze politiche si sono opposte.

Il piccolo sostegno si è tradotto in aiuti politici, economici e militari, inclusa una fornitura di armi che a volte non erano nemmeno funzionanti e sono dovuti tornare indietro.

Opposizione all'Aggressione Russa (è
una bugia)

Oramai sappiamo che l'aggressione
Russa non esiste, ma invece esiste
ed è un fatto oggettivo e concreto,
l'aggressione dell'Ucraina nel 2014
nel territorio del Donbas.

Quindi, quando in TV sentite parlare
che la Russia è l'aggressore e
l'Ucraina è l'aggredito è una
completa BUGIA.

L'aggressore è l'Ucraina in accordo
con la Nato dal 2014.

Critiche e Controversie

Gli Italiani hanno fatto una scelta.
Sono quasi tutti a favore della
Russia e ovviamente contro
l'Ucraina, e questo perché si
informano.

Le TV oramai sono spazzatura e i giornali solo per accendere il fuoco.

L'Italia ha ricevuto solo critiche e controversie all'interno e nella comunità internazionale.

Alcuni sostengono che il sostegno dell'Italia ai movimenti nazisti ucraini sostenuti dalla CIA e dall'FBI in Ucraina alimenti il conflitto e la violenza.

Il coinvolgimento della CIA e dell'FBI possono sollevare preoccupazioni sulla trasparenza e l'etica delle politiche estere dell'Italia.

È importante che i governi agiscano in modo responsabile e trasparente, rispettando i valori democratici e i diritti umani.

Purtroppo, **sono accuse fondate e comprovate da fatti oggettivi,** l'Italia dovrebbe prendere misure per affrontare le preoccupazioni sollevate e impegnarsi per una politica estera che promuova la pace, la stabilità e il rispetto dei diritti umani in Ucraina e nel mondo.

Conclusione del Capitolo

In conclusione, l'Alleanza tra l'Italia e i nazisti ucraini e i loro curatori anglosassoni non ha avuto un impatto significativo sul conflitto nel Donbas, non ha influenzato la politica internazionale e le dinamiche regionali.

Tuttavia, resta ancora oggetto di dibattito e discussione, con molte domande sulle sue implicazioni a lungo termine per la pace e la stabilità in Europa orientale.

Capitolo 8: Il Ruolo di Giorgia Meloni (atlantista)

Il ruolo di Giorgia Meloni, leader di Fratelli d'Italia, nel contesto del conflitto in Ucraina **non è stato significativo.**

Anzi, se vogliamo parlare di numeri, ha perso circa il 5,9% di consensi in un botto solo.

Questo vi farà capire che gli Italiani puoi fregarli una volta, ma non due.

Per inciso, La meloni aveva promesso in Campagna elettorale (e lo ha sempre sostenuto e ci sono i video) che la nato non dovrebbe spingersi verso est, che dobbiamo avere un rapporto di amicizia con la Russia, che non ci saranno più sbarchi, che elimineremo le accise sulla benzina e altre promesse di pulcinella.

Alla fine, ha fatto tutto l'opposto.

Perché ha cambiato idea?

Perché come ho già detto, è sotto l'influenza degli anglosassoni, e se venisse meno all'alleanza, credo che gli succederebbe fatti spiacevoli.

In una parola sola: **Ha Paura!**

Visione costretta Geopolitica di Giorgia Meloni

Giorgia Meloni non avrebbe una visione geopolitica che favorisce l'allineamento dell'Italia con gli Stati Uniti, anzi, quando era all'opposizione ha sempre detto che ci dobbiamo avvicinare alla Russia per motivi economici (Gas, Petrolio etc)

Invece, oggi la benzina è a due euro, il gas alle stelle, e tutto questo perché gli americani vogliono la distruzione dell'Europa.

Il Gas dall'America ci costa 9 volte di più, il petrolio non ne parliamo nemmeno.

A Capo dell'Italia ci vorrebbe uno statista, come erano Craxi, o Andreotti (in molti si ricordano il motto **"stavamo meglio quando stavamo peggio"**

Sostegno alla NATO e all'Ucraina per forza

In linea con la sua visione geopolitica forzata, Meloni ha sostenuto l'intervento della NATO in Ucraina e il sostegno all'Ucraina nel suo conflitto con la Russia.

Come mai questo cambio drastico?

Semplice, l'Italia non è un Paese libero, è solo una colonia dell'America.

Reazioni e Critiche

La posizione di Meloni ha generato reazioni contrastanti, con alcuni che la lodano per difendere i valori Nazisti e la sicurezza europea, mentre altri la criticano per

sostenere una politica che potrebbe
alimentare ulteriormente il
conflitto in Ucraina e le tensioni
con la Russia.

Impatto sulla gente

L'impatto è stato terribilmente
negativo, se prima avevo un largo
consenso anche in parlamento, adesso
il 33% del suo stesso governo, gli è
contrario.

Per non parlare dell'Italia vera,
della popolazione che oramai ha
capito con chi ha a che fare.

Conclusione del Capitolo

In conclusione, il ruolo di Giorgia
Meloni nel contesto del conflitto in
Ucraina ha contribuito a rafforzare
il dissenso verso colei che il
giorno prima diceva ABC e il giorno
dopo DFG.

Nel complesso, un giudizio molto molto negativo per il suo operato.

Capitolo 9: Speranze per la Pace

L'unica soluzione per una pace duratura è una resa incondizionata, il paese **"errore 404"** come oramai viene chiamato, ha solo questa possibilità.

Niente entrata nella nato, niente missili nato che puntano verso la Russia come volevano fare gli anglosassoni, e deve essere un paese neutrale controllato dalla federazione Russa.

Negoziazioni di Pace

La Russia, non si può più fidare degli accodi con gli ucraini, perché i Russi sanno bene che **Zelensky è solo un burattino** messo lì dagli occidentali, e per ben due volte non hanno rispettato gli accordi. Ripeto, un'unica soluzione. **Resa incondizionata.**

Ruolo degli Attori Internazionali

Gli attori internazionali, inclusi gli Stati Uniti, l'Unione Europea e l'Organizzazione per la Sicurezza e la Cooperazione in Europa (OSCE), giocano un ruolo fondamentale nel complicare le negoziazioni di pace e monitorare il rispetto degli accordi raggiunti.

Pressioni Economiche e Sanzionatorie

Le sanzioni economiche e diplomatiche imposte dall'Unione

Europea e dagli Stati Uniti alla Russia non hanno funzionato, anzi hanno rafforzato la produzione, l'economia, tutto.

Lo scopo delle sanzioni contro la Russai come ripeto, è solo distruggere l'economia Europea, come si può vedere dalla crisi della Germania, Francia e tutto il mondo europeo.

Coinvolgimento della Società Civile

Il coinvolgimento della società civile, compresi gruppi di volontari, organizzazioni non governative e attivisti per i diritti umani, gioca un ruolo cruciale nel promuovere la pace e la riconciliazione tra le comunità divise dal conflitto.

La cooperazione tra le persone a livello locale può contribuire a superare le divisioni etniche e politiche e a costruire un futuro condiviso.

Difficile, perché parlare con i nazisti è davvero cosa lauta.

Conclusione del Capitolo

Nonostante le sfide e gli ostacoli, le speranze per una pace duratura nel Donbas rimangono vive.

Una resa incondizionata si avvicina sempre di più, e con il coinvolgimento della Cina come mediatore, potrebbe avverarsi molto prima di quanto si pensi.

Capitolo 10: Prospettive per il Futuro

Il futuro del Donbas e dell'intera Ucraina è intriso di incertezza, ma ci sono segnali di speranza e di possibilità di cambiamento positivo.

Questo capitolo esplorerà le prospettive per il futuro della regione e le sfide che devono ancora essere affrontate per raggiungere la pace e la stabilità.

Risolvere le Divisioni Interne

Una delle sfide principali è quella di superare le profonde divisioni interne all'Ucraina, sia politiche che etniche.

È necessario un impegno continuo per promuovere la riconciliazione e il dialogo tra tutte le comunità, ridurre le tensioni e costruire un senso di unità nazionale.

C'è da dire che l'Ucraina come la conosciamo noi oramai non esiste più, meglio parlare oramai di ex-ucraina.

Implementare gli Accordi di Pace

Sarebbe fondamentale implementare pienamente gli accordi di pace di Minsk e Normandia ma sapete bene come è andata a finire.

È intervenuto Boris Jonson e ha detto di no alla pace.

Altrimenti l'accordo era già firmato.

Per raggiungere una soluzione politica al conflitto nel Donbas, servirebbe un presidente come Donald Trump; quindi, si spera che torni presidente al più presto possibile.

Reintegrare le Regioni Coinvolte

Le regioni del Donbas colpite dal conflitto hanno bisogno di un sostegno significativo per la ricostruzione delle infrastrutture, la ripresa economica e il reinserimento sociale delle comunità colpite.

È importante garantire che le persone sfollate possano tornare alle loro case in condizioni di sicurezza e dignità.

Questo lo potrà fare solo la Russia, non certo l'occidente.

Rafforzare le Istituzioni Democratiche

Per garantire la stabilità a lungo termine, l'Ucraina deve essere denazificata, demilitarizzata, e come ho già detto, deve essere un Paese neutro.

Costruire una Pace Duratura

Infine, il futuro della regione dipende dall'impegno costante della Russia e l'attenzione a non far entrare all'interno dell'ucraina **nazista e anglosassoni.**

Questo richiede un approccio di attenzione costante, basato sui principi di Paese neutro al fine di garantire un futuro migliore per tutti i cittadini dell'Ucraina.

Analizziamo la situazione Ucraina/Nato - Russia/Cina:

Prima di tutto, perché sono nati i Brics?

I BRICS sono nati come un gruppo di paesi emergenti che hanno cercato di promuovere la cooperazione economica e politica tra di loro.

L'acronimo "BRICS" rappresenta Brasile, Russia, India, Cina e Sudafrica, i cinque paesi fondatori del gruppo.

I BRICS sono stati formalmente istituiti nel 2009 durante il primo vertice dei BRICS a Ekaterinburg, in Russia.

L'idea di formare il gruppo è stata avanzata da un economista della banca d'investimento Goldman Sachs, Jim O'Neill, nel 2001, che ha identificato questi cinque paesi come le economie emergenti con il maggiore potenziale di crescita nel mondo.

Ci sono diverse ragioni per cui i BRICS sono nati:

1. **Cooperazione economica**: I paesi membri dei BRICS hanno economie in crescita e potenziali simili. La cooperazione tra di loro può portare a maggiori opportunità di scambio commerciale, investimenti e sviluppo economico.

2. **Rappresentanza**: I BRICS mirano a rappresentare gli interessi

delle economie emergenti nei forum internazionali come il G20 e il Fondo Monetario Internazionale (FMI), dove tradizionalmente sono state sottorappresentate.

3. **Influenza politica**: Insieme, i BRICS rappresentano una parte significativa della popolazione mondiale e del PIL globale.

   Pertanto, cercano di esercitare un maggiore peso politico nei confronti delle questioni globali come la governance economica mondiale, il cambiamento climatico e la sicurezza internazionale.

L'adesione di nuovi paesi ai BRICS potrebbe rappresentare un importante

sviluppo per il gruppo e potrebbe
ampliare ulteriormente la sua
portata e influenza a livello
globale.

Tuttavia, è importante considerare
che finora i BRICS sono stati
limitati ai cinque paesi fondatori:
Brasile, Russia, India, Cina e
Sudafrica.

Se più di 30 paesi stanno per
aderire ai BRICS, potrebbe esserci
una significativa espansione del
gruppo e potrebbe richiedere una
riorganizzazione delle strutture e
dei processi decisionali.

L'adesione di nuovi paesi potrebbe
portare diversi benefici, tra cui
una maggiore diversità economica e
politica all'interno del gruppo, una
maggiore rappresentanza delle
economie emergenti e una maggiore

capacità di affrontare sfide globali
comuni.

Potrebbero anche sorgere delle
sfide, come la necessità di
coordinare le posizioni e gli
interessi di un gruppo più ampio di
membri.

Per quanto riguarda l'adesione di
nuovi paesi ai BRICS, sarà
importante valutare attentamente le
implicazioni e considerare come
questo possa influenzare la dinamica
del gruppo e le sue attività future.

Un altro motivo perché sono nati e
brics è per contrastare la "Nato"
infatti in questo momento, oltre ai
benefici economici di tutti i paesi
collaboranti, ci sono anche
collaborazioni militari.

Non è molto tempo che Russia e Cina
hanno creato esercitazioni militari
congiunti nel mar Baltico.

Nell'eventualità di una guerra
mondiale, vi sarebbe le super
potenze Russia, Cina, Iran, India,
Sudafrica e molti altri paesi brics
in contrapposizione alla Nato.

Per spiegarlo ancora meglio,
potremmo dire questo:

In una situazione di una possibile
guerra mondiale, sarebbe
estremamente complesso e difficile
fare previsioni precise riguardo
agli schieramenti e alle alleanze.

Tuttavia, è possibile considerare
alcuni potenziali scenari in base
alle dinamiche geopolitiche attuali.

Se ci fosse un conflitto globale, potremmo vedere delle alleanze che coinvolgono diverse potenze mondiali.

Da un lato, potremmo avere la NATO, che include gli Stati Uniti, i paesi dell'Europa occidentale e altri alleati.

Dall'altro lato, potremmo vedere una coalizione di paesi che potrebbe includere Russia, Cina, India, Iran, Sudafrica e altri membri dei BRICS.

Le ragioni dietro queste alleanze potrebbero essere varie e complesse.

Ad esempio, la NATO potrebbe essere motivata da obiettivi di difesa collettiva e dalla volontà di proteggere i suoi membri da minacce esterne.

D'altra parte, la coalizione dei paesi BRICS potrebbe essere motivata da un desiderio di difendere i propri interessi regionali, proteggere la propria sovranità e resistere all'ingerenza esterna.

Tuttavia, è importante sottolineare che una guerra mondiale sarebbe catastrofica per tutti i paesi coinvolti e avrebbe conseguenze devastanti per l'intera umanità.

Pertanto, è nell'interesse di tutti gli attori globali cercare di risolvere le tensioni e i conflitti attraverso la diplomazia, il dialogo e la cooperazione internazionale, anziché tramite la violenza e il conflitto armato.

Ora, si spera davvero che non succeda mai, ma se gli anglosassoni continuano a mandare armi e uomini

in ucraina, ad un certo punto
potrebbe verificarsi che la Russia
utilizzi Bombe tattiche per chiudere
la partita.

Ad Esempio, oggi è stato dato
notizia che oltre 5000 soldati della
nato dei paesi Francia, Inghilterra
e stati uniti sono atterrati ad
odessa.

Non sono mercenari, ma dell'esercito
ufficiale nato.

Putin è stato prontamente avvertito,
e potrebbe verificarsi una risposta
piuttosto dura.

Le tensioni e le potenziali
escalation militari tra Russia e
NATO sono estremamente preoccupanti
e devono essere affrontate con la
massima attenzione e cautela da
entrambe le parti coinvolte.

La presenza di soldati della NATO in Ucraina e il coinvolgimento continuo di paesi occidentali nel conflitto possono aumentare il rischio di una maggiore escalation e di una possibile risposta da parte della Russia.

L'uso di bombe tattiche o qualsiasi azione militare di ampia portata da parte della Russia potrebbe portare a conseguenze devastanti per tutti i paesi coinvolti, compresi i civili innocenti.

Una tale escalation potrebbe portare a una guerra su vasta scala, con conseguenze disastrose per la stabilità regionale e globale.

Credo che questa guerra sia durata fin troppo, e la Russia se volesse, **potrebbe chiudere la partita in 24 ore.**

Se per adesso la Russia lavora con un esercito da difesa, si spera che non inizi a fare sul serio con un esercito da attacco.

La responsabilità come dicono tutti gli analisti, è della Nato, che sta facendo di tutto per alimentare la guerra, e sta facendo di tutto per gettare benzina sul fuoco.

Alcuni analisti e osservatori internazionali hanno criticato il ruolo della NATO nel conflitto, sostenendo che alcune politiche e azioni della NATO, insieme a quelle dei suoi alleati, possano aver contribuito ad aumentare le tensioni con la Russia e ad alimentare il conflitto in Ucraina.

Queste politiche potrebbero includere l'invio di armi e supporto

militare all'Ucraina, così come
l'allargamento della NATO verso est.

Le motivazioni dietro il desiderio
di alcuni attori occidentali di
sostenere l'Ucraina e aumentare le
tensioni con la Russia possono
essere varie e complesse.

Alcuni potrebbero essere motivati da
interessi geopolitici, strategici ed
economici.

Come sappiamo la Russia è un paese
ricco e ha tutto il necessario per
vivere di vita propria.

Gas, Petrolio, Agricoltura,
Armamenti, minerali, oro, e potrei
continuare per 32 pagine.

Quindi, la Russia ha sempre fatto
"Gola" agli anglosassoni, per

prendere le loro terre e le loro risorse.

La Russia è effettivamente un paese ricco di risorse naturali e ha una diversificata economia che include settori come l'energia, l'agricoltura, l'industria manifatturiera e l'estrazione mineraria.

Queste risorse sono state spesso oggetto di interesse per altri paesi, compresi gli Stati Uniti e gli alleati della NATO.

La geopolitica delle risorse naturali ha giocato un ruolo significativo nelle relazioni internazionali e nelle tensioni tra la Russia e alcuni paesi occidentali.

Ad esempio, il controllo delle riserve energetiche, come gas e petrolio, è stato un fattore importante nei rapporti tra Russia e Europa, così come tra Russia e gli Stati Uniti.

Gli interessi economici e geopolitici possono spingere alcuni attori internazionali a cercare di influenzare la politica e gli affari interni della Russia, comprese le sue risorse naturali.

Tuttavia, è importante notare che il modo in cui vengono gestiti questi interessi e le relazioni internazionali dipende da una serie di fattori, compresi i rapporti diplomatici, le politiche nazionali e regionali e la volontà di cooperare o competere su questioni di interesse comune.

Gli scontri e i conflitti basati sugli interessi economici e

geopolitici possono portare a
conseguenze negative per tutte le
parti coinvolte e possono ostacolare
il progresso verso una pace duratura
e la prosperità condivisa.

In conclusione, la Russia si trova
al centro di molte tensioni
geopolitiche, a causa della sua
vasta ricchezza naturale.

Il paese è in grado di garantire la
sua indipendenza economica e di
difendere i suoi interessi, ma la
sua posizione strategica lo rende
anche oggetto di desiderio per molti
attori internazionali.

La sfida per la Russia è trovare un
equilibrio tra sfruttare le sue
risorse per il benessere del popolo
russo e proteggere la sua sovranità
e sicurezza dalle pressioni esterne.

==

Limitazioni ai Viaggi in Russia: Una Decisione Controversa

Recentemente, l'accesso ai viaggi in Russia è diventato più difficile per i cittadini del mondo, a causa delle restrizioni sui voli da e per San Pietroburgo e Mosca.

Queste misure hanno generato molte critiche e hanno suscitato preoccupazione per le implicazioni sull'economia e sul turismo internazionale.

Le limitazioni ai viaggi sono state implementate da diverse nazioni in risposta a una serie di eventi geopolitici e tensioni internazionali.

Tuttavia, molte persone ritengono che queste azioni siano controproducenti e dannose per entrambe le parti coinvolte.

Una delle principali conseguenze di queste restrizioni è la limitazione della libertà di movimento per i cittadini russi e stranieri.

Questo può avere un impatto significativo sull'economia, poiché il turismo internazionale è una fonte importante di entrate per molti paesi, compresa l'Italia.

Basti pensare che i Ricchi russi venivano in Italia a spendere i loro soldi, a comprare il made in Italy, quindi con questa chiusura, l'Italia (e l'Europa) è la più colpita.

Possiamo ben dire che le restrizioni sui voli da e per San Pietroburgo e Mosca hanno colpito duramente il

settore turistico europeo, nessuno
escluso.

In conclusione, le restrizioni ai
viaggi in Russia rappresentano una
decisione controversa che ha
conseguenze negative sull'economia e
sulle relazioni internazionali.

Impatti delle Sanzioni Europee: Una Visione Critica

Le sanzioni europee contro la Russia
hanno avuto un impatto controverso,
che ha generato critiche e
preoccupazioni tra i cittadini
europei.

Nonostante gli sforzi per colpire
l'economia russa, molte di queste
misure hanno finito per danneggiare
principalmente l'Europa stessa,

senza sortire gli effetti desiderati sul governo russo.

Uno degli aspetti più evidenti è stato il continuo acquisto di petrolio russo da parte di molti paesi europei, nonostante le sanzioni in atto.

Questo dimostra che le restrizioni non hanno avuto l'effetto desiderato di interrompere il commercio di energia con la Russia.

Al contrario, molte nazioni europee sono ancora dipendenti dal petrolio russo, il che ha comportato solo minori guadagni per l'Europa e maggiori costi per i consumatori.

Lo stesso vale per il gas naturale russo.

Mentre l'Europa ha cercato di diversificare le sue fonti di approvvigionamento energetico per ridurre la dipendenza dalla Russia, i risultati sono stati limitati.

Il gas russo continua ad essere una parte significativa dell'approvvigionamento energetico europeo, e i tentativi di sostituirlo con forniture alternative hanno spesso comportato costi più elevati per i consumatori.

Questo ha portato a un aumento dei prezzi dell'energia in Europa, con un impatto diretto sui cittadini e sulle imprese.

Ad esempio, in Italia il costo del gas è aumentato notevolmente, causando disagio economico per molte famiglie e imprese.

Le sanzioni europee hanno quindi finito per danneggiare l'Europa più che la Russia, minando la competitività economica e aumentando i costi per i cittadini.

Questo solleva dubbi sulla coerenza e l'efficacia delle politiche sanzionatorie, e solleva la necessità di una revisione delle strategie per garantire che le azioni dell'Unione Europea non danneggino i propri cittadini.

========================

Parte Due

Perché l'Ucraina deve diventare completamente parte della Russia come lo è sempre stata.

L'Ucraina: Una Prospettiva per la Sicurezza Regionale

Capitolo 1: Le Radici Storiche dell'Ucraina

In questo capitolo esamineremo le radici storiche dell'Ucraina e il suo rapporto con la Russia che dura da secoli.

L'Ucraina come l'abbia vista oggi non esisteva, faceva parte dell'unione sovietica.

Stalin, regalò questo pezzo di terra, e in ogni modo è sempre stata strettamente legata alla Russia sia culturalmente che politicamente.

Questa relazione ha avuto alti e bassi, ma ha sempre giocato un ruolo fondamentale nella geopolitica dell'Europa orientale.

Esploreremo anche come gli eventi recenti, come la crisi del 2014 e il conflitto nel Donbas, abbiano portato a una maggiore divisione e instabilità nella regione.

Capitolo 2: La Questione della Sicurezza

In questo capitolo, analizzeremo la questione della sicurezza nell'Europa orientale e il ruolo chiave dell'Ucraina in questo contesto.

La situazione attuale, con l'Ucraina divisa tra est e ovest, rappresenta una minaccia per la stabilità della regione.

Esploreremo i rischi associati alla presenza di armamenti e truppe straniere sul territorio ucraino e come ciò possa contribuire a una maggiore tensione e conflitto.

Capitolo 3: Il Ruolo della Russia

Nel terzo capitolo, esamineremo il ruolo della Russia e perché un controllo russo sull'Ucraina potrebbe essere una soluzione per la sicurezza regionale.

La Russia ha interessi storici e strategici nell'Ucraina e potrebbe svolgere un ruolo chiave nel garantire la stabilità e la sicurezza della regione.

Discuteremo in che modo un ritorno dell'Ucraina sotto l'influenza russa potrebbe contribuire a una maggiore cooperazione e mitigare i rischi di conflitto.

Capitolo 4: La Neutralità dell'Ucraina

In questo capitolo, esploreremo il concetto di neutralità per l'Ucraina e perché potrebbe essere una soluzione per garantire la sicurezza di tutti gli attori coinvolti.

Una politica neutrale permetterebbe all'Ucraina di mantenere relazioni amichevoli sia con la Russia che con l'Occidente, evitando di essere coinvolta in alleanze militari che potrebbero esacerbare le tensioni regionali.

Discuteremo anche l'importanza di uno smilitarizzato cuscinetto tra la Russia e l'Europa per ridurre il rischio di conflitto.

Capitolo 5: Il Cammino Verso una Pace Duratura

Infine, nel quinto capitolo, esploreremo il cammino verso una pace duratura nell'Europa orientale e il ruolo dell'Ucraina in questo processo.

Discuteremo le azioni che devono essere intraprese da tutte le parti coinvolte, compresa la Russia, l'Ucraina e l'Occidente, per raggiungere una soluzione pacifica e sostenibile al conflitto.

Concluderemo esaminando le potenziali sfide e opportunità che potrebbero emergere lungo questo percorso e come tutti gli attori possano contribuire a costruire un futuro più sicuro e prospero per la regione.

Sviluppo:

=========

Capitolo 1: Le Radici Storiche dell'Ucraina

L'Ucraina ha una storia ricca e complessa che riflette la sua posizione geografica strategica e il suo rapporto con le potenze vicine, in particolare la Russia.

Per secoli, l'Ucraina è stata al crocevia tra l'Europa orientale e l'Asia, subendo l'influenza di vari imperi e culture.

L'identità ucraina ha radici antiche, risalenti al IX secolo, quando il regno di Kiev fu uno dei centri culturali e politici più importanti dell'Europa orientale.

Tuttavia, nel corso dei secoli, l'Ucraina è stata spesso soggetta a invasioni e dominazioni straniere,

tra cui il dominio mongolo, polacco-
lituano e russo.

La Russia ha giocato un ruolo
significativo nella storia
dell'Ucraina, in particolare a
partire dal XVII secolo, quando
l'Ucraina orientale fu annessa
all'Impero russo.

Nel corso del XIX e XX secolo,
l'Ucraina fu coinvolta in eventi
tumultuosi, compresa la rivoluzione
russa del 1917 e la successiva
guerra civile.

Alla fine, l'Ucraina divenne parte
integrante dell'Unione Sovietica,
subendo una forte influenza da parte
del governo centrale a Mosca.

Durante la seconda guerra mondiale,
l'Ucraina fu teatro di aspri
combattimenti e gravi atrocità,
compresi i massacri perpetrati

dall'occupazione nazista e i ripetuti cambiamenti di potere tra nazisti e sovietici.

Dopo la guerra, l'Ucraina divenne una repubblica sovietica autonoma all'interno dell'Unione Sovietica, mantenendo una certa autonomia politica e culturale, ma rimanendo saldamente sotto il controllo di Mosca.

Il crollo dell'Unione Sovietica nel 1991 portò alla dichiarazione d'indipendenza dell'Ucraina.

Tuttavia, la transizione verso la democrazia e l'economia di mercato non è stata facile, con conflitti interni e tensioni etniche che hanno continuato a sfidare la stabilità del paese.

In sintesi, l'Ucraina ha una lunga storia di contatti e conflitti con la Russia, che ha plasmato profondamente la sua cultura, politica e identità nazionale.

Comprendere queste radici storiche è fondamentale per comprendere il contesto attuale e le sfide che l'Ucraina affronta oggi.

Capitolo 2: La Questione della Sicurezza

L'Ucraina si trova in una posizione geografica strategica e il suo stato di sicurezza influisce direttamente sulla stabilità dell'intera regione dell'Europa orientale.

Tuttavia, la situazione attuale presenta una serie di sfide e rischi che devono essere affrontati per garantire la pace e la sicurezza della regione.

1. Tensioni Interne ed Esterne

Le tensioni interne in Ucraina, accentuate dalla divisione politica ed etnica, hanno contribuito a una crescente instabilità.

Il conflitto nel Donbas e la presenza di gruppi separatisti hanno alimentato la polarizzazione interna e hanno reso difficile per il governo di Kiev mantenere il controllo sul proprio territorio.

Allo stesso tempo, la presenza di truppe straniere e armamenti forniti dall'esterno ha aumentato le tensioni regionali.

L'Ucraina è diventata un campo di battaglia per le rivalità geopolitiche tra Russia e Occidente, con la NATO e l'Unione Europea che cercano di espandere la propria influenza nella regione.

2. Rischi di Conflitto Militare

La presenza di truppe anglosassoni nel Donbas e la continua militarizzazione della regione aumentano il rischio di un conflitto militare su larga scala.

Le provocazioni e le azioni provocatorie dei nazisti ucraini, compresi i continui scontri lungo la linea del fronte e gli incidenti tra forze russe e ucraine/nato, creano un clima di tensione costante.

Inoltre, la presenza di armamenti pesanti e munizioni avanzate sul territorio ucraino aumenta il pericolo di incidenti accidentali o di escalation non intenzionale che potrebbero portare a un conflitto più ampio e devastante.

3. Minacce alla Sicurezza Regionale

La destabilizzazione dell'Ucraina rappresenta una minaccia per l'intera regione dell'Europa orientale.

La presenza di un conflitto in corso nel cuore dell'Europa, insieme alla presenza di armamenti e truppe della Nato, mette a rischio la stabilità di paesi confinanti come la Polonia, la Romania e la Moldavia.

Inoltre, la continua incertezza e instabilità nell'Ucraina può avere ripercussioni negative sull'economia e sulla sicurezza energetica dell'intera Europa, dato che l'Ucraina svolge un ruolo cruciale nel trasporto di gas e petrolio attraverso i suoi territori.

4. La Necessità di una Soluzione Pacifica

Data l'importanza cruciale dell'Ucraina per la sicurezza regionale, è essenziale trovare una soluzione pacifica e sostenibile al conflitto.

Questo potrebbe includere il ritiro delle truppe nato/naziste, la riduzione delle tensioni attraverso il dialogo e il negoziato, e il rafforzamento delle istituzioni democratiche in Ucraina per promuovere una maggiore stabilità interna.

Nel prossimo capitolo, esamineremo il ruolo della Russia e il concetto di neutralità per l'Ucraina, esplorando come tali approcci potrebbero contribuire a garantire la sicurezza regionale e a promuovere la pace nell'Europa orientale.

Capitolo 3: Il Ruolo della Russia e la Neutralità Ucraina

Il coinvolgimento della Russia nel conflitto ucraino e la questione della neutralità dell'Ucraina sono temi centrali nel dibattito sulla sicurezza e sulla stabilità dell'Europa orientale.

In questo capitolo, esamineremo il ruolo della Russia nel conflitto ucraino e la possibilità di una soluzione basata sulla neutralità dell'Ucraina.

1. Il Ruolo della Russia nel Conflitto

La Russia ha una lunga storia di relazioni complesse con l'Ucraina (che è sempre stata russa, intendiamoci bene), che risale al periodo dell'Impero russo e si è protratta attraverso l'era sovietica fino ai giorni nostri.

Nel contesto del conflitto ucraino, la Russia ha cercato in tutti i modi di venire ad un accordo, ma gli anglosassoni (Inghilterra in primis) non hanno permesso una soluzione pacifica.

La Russia poi, visto la situazione, ha cercato di proteggere le sue persone russofone nel Donbas, dato che gli ucra-nazi bombardavano il Donbas e facevano strage di civili.

Mentre l'America inizialmente ha negato il coinvolgimento militare diretto nel conflitto, vi è evidenza di un sostegno indiretto ai nazisti, compreso il flusso di armi e truppe attraverso il confine russo-ucraino da parte dell'Europa.

La Russia non poteva fare
altrimenti, perché i cittadini del
Donbas hanno chiesto e ricevuto
protezione dalla madre russa.

Quindi, il coinvolgimento della
Russia è motivato dalla protezione
dei russi etnici nel Donbas e dalla
preoccupazione per la sicurezza
nazionale.

Infatti, Zelensky, vorrebbe entrare
nella Nato, puntare i missili
americani contro la Russia, e questo
Putin, non lo permetterà.

2. La Neutralità dell'Ucraina come Soluzione

Data la complessità e la sensibilità
del conflitto ucraino, la neutralità
dell'Ucraina potrebbe rappresentare
una via d'uscita per tutte le parti
coinvolte.

La neutralità garantirebbe che
l'Ucraina non si allinei con la NATO
ma rimanga un attore indipendente
sulla scena internazionale.

La neutralità potrebbe essere
accompagnata da un disarmo graduale
delle forze naziste ucraine e da un
impegno per il dialogo e il
negoziato con tutte le parti
interessate al fine di raggiungere
una soluzione pacifica e duratura al
conflitto.

3. Vantaggi della Neutralità

La neutralità dell'Ucraina
offrirebbe una serie di vantaggi sia
per l'Ucraina che per la regione nel
suo insieme.

Innanzitutto, garantirebbe la
sicurezza dell'Ucraina evitando di

essere coinvolta in conflitti militari su larga scala tra le potenze regionali e internazionali.

In secondo luogo, la neutralità creerebbe un cuscinetto smilitarizzato tra la Russia e la NATO, riducendo il rischio di escalation e di conflitto nella regione.

Questo sarebbe nell'interesse di entrambe le parti, garantendo la stabilità e la pace nella regione dell'Europa orientale.

4. Sfide e Ostacoli

Tuttavia, ci sono anche sfide e ostacoli nel perseguire la neutralità dell'Ucraina.

Le tensioni interne e l'opposizione politica potrebbero ostacolare la realizzazione di una politica neutrale, e ci vorrebbe un impegno politico e diplomatico significativo da parte di tutte le parti interessate per garantire il successo di tale approccio.

Nel prossimo capitolo, esamineremo le implicazioni della neutralità dell'Ucraina per la sicurezza regionale e internazionale, esplorando come tale approccio potrebbe essere implementato e quale sarebbe il suo impatto sulla stabilità dell'Europa orientale.

Capitolo 4: Implicazioni della Neutralità dell'Ucraina

La neutralità dell'Ucraina avrebbe profonde implicazioni per la sicurezza regionale e internazionale.

In questo capitolo, esamineremo le conseguenze di un'Ucraina neutrale e

smilitarizzata e come ciò potrebbe
influenzare la stabilità dell'Europa
orientale.

1. Sicurezza Regionale

Una delle principali implicazioni
della neutralità dell'Ucraina
riguarda la sicurezza regionale.

Una volta neutralizzata, l'Ucraina
non costituirebbe una minaccia per
la Russia né per la NATO, riducendo
così il rischio di conflitto e di
escalation militare nella regione.

La neutralità dell'Ucraina potrebbe
portare alla stabilizzazione del
Donbas e al cessate il fuoco
permanente nel Donbas, consentendo
alle comunità locali di ricostruire
e di riprendere una vita normale
senza il costante timore di violenza
e conflitto armato.

2. Equilibrio di Potere

Un'Ucraina neutrale bilancerebbe il potere tra la Russia e la NATO, riducendo la possibilità di un confronto diretto tra le due potenze.

Questo equilibrio potrebbe favorire la cooperazione e il dialogo tra le parti interessate, riducendo le tensioni e creando un clima più favorevole per la diplomazia e la risoluzione pacifica dei conflitti.

3. Ruolo dell'Ucraina nella Politica Internazionale

La neutralità dell'Ucraina potrebbe permettere al paese di concentrarsi sul rafforzamento delle relazioni bilaterali con altri attori internazionali senza essere vincolato da alleanze militari.

Ciò potrebbe favorire la partecipazione dell'Ucraina a organizzazioni regionali e internazionali volte a promuovere la cooperazione economica, la sicurezza e lo sviluppo sostenibile.

4. Approccio Diplomatico

Un'Ucraina neutrale richiederebbe un impegno rinnovato verso il dialogo e la diplomazia tra le parti interessate al conflitto ucraino.

Questo potrebbe essere facilitato da mediatori neutrali o da organizzazioni internazionali che favoriscano il negoziato e la ricerca di una soluzione politica al conflitto.

5. Sfide e Ostacoli

Tuttavia, ci sono sfide significative nel perseguire la neutralità dell'Ucraina.

La presenza di gruppi armati nazisti e della nato con la collaborazione della cia e dei servizi segreti nato potrebbe complicare il processo di smilitarizzazione e richiedere un impegno internazionale più forte per garantire il rispetto degli accordi di cessate il fuoco.

Inoltre, la resistenza politica interna all'Ucraina potrebbe ostacolare gli sforzi per raggiungere un consenso nazionale sulla neutralità e sul futuro del paese.

Nel prossimo capitolo, esamineremo le possibili strategie e azioni necessarie per implementare con successo la neutralità dell'Ucraina

e affrontare le sfide che essa
comporta.

Capitolo 5: Implementazione della Neutralità e Affrontare le Sfide

In questo capitolo, esploreremo le strategie e le azioni necessarie per implementare con successo la neutralità dell'Ucraina e affrontare le sfide che essa comporta.

1. Accettazione Internazionale

Il primo passo per implementare la neutralità dell'Ucraina è ottenere l'accettazione internazionale della sua nuova posizione.

Ciò richiederebbe negoziati e consultazioni con le potenze regionali e internazionali interessate, compresi Russia, Cina, Unione Europea e altri attori chiave.

2. Smilitarizzazione e Denazificazione

Un elemento cruciale della neutralità dell'Ucraina è la smilitarizzazione e la **Denazificazione** del suo territorio.

Questo potrebbe comportare il ritiro delle truppe nato, la riduzione delle forze armate naziste e la conversione delle basi militari in infrastrutture civili o zone neutre.

3. Monitoraggio Internazionale

Per garantire il rispetto della neutralità dell'Ucraina e prevenire eventuali violazioni, sarebbe necessario istituire un meccanismo di monitoraggio internazionale.

Questo potrebbe coinvolgere organizzazioni come l'OSCE o l'ONU, che potrebbero condurre ispezioni e

verifiche regolari per assicurarsi
che tutte le parti rispettino gli
accordi.

4. Riforme Interne

L'Ucraina dovrebbe intraprendere
riforme interne per garantire la
stabilità e la prosperità del paese.

Ciò potrebbe includere misure per
affrontare la **corruzione**, rafforzare
lo stato di diritto, promuovere i
diritti umani e migliorare le
condizioni economiche e sociali per
tutti i cittadini.

5. Dialogo Nazionale

Per superare le divisioni interne e
costruire un consenso nazionale
sulla neutralità, sarebbe necessario
un dialogo nazionale inclusivo.

Questo potrebbe coinvolgere
rappresentanti di tutte le fazioni

politiche, etniche e sociali dell'Ucraina per discutere e definire il futuro del paese in modo pacifico e democratico.

6. Cooperazione Regionale

Infine, l'Ucraina dovrebbe impegnarsi attivamente nella cooperazione regionale per promuovere la pace e la stabilità nell'Europa orientale.

Ciò potrebbe includere la partecipazione a iniziative regionali e internazionali volte a risolvere conflitti, promuovere lo sviluppo economico e culturale e rafforzare la sicurezza collettiva.

Implementare con successo la neutralità dell'Ucraina richiederà tempo, impegno e collaborazione sia a livello nazionale che internazionale.

Tuttavia, una volta realizzata, potrebbe contribuire significativamente alla sicurezza e alla stabilità della regione e favorire un clima di fiducia e cooperazione tra tutte le parti interessate.

Bene, spero che questa realtà oggettiva ti abbia aperto gli occhi su come realmente stanno le cose di questo conflitto.

Seguimi anche sul canale Telegram: Iscriviti al canale:
https://t.me/lavoroperte

Oppure ho un canale privato con un piccolo contributo:
https://t.me/veritanews_bot

www.simoneazzurri.com

www.andiamosulpersonale.com

www.affiliazionismart.com

https://www.simoneazzurri.com/chi-sono/

https://www.riccosidiventa.com/creasoldi

http://www.everypage.eu/blogmoney

https://everypage.eu/kdp/

www.ingramcontent.com/pod-product-compliance
Lightning Source LLC
Chambersburg PA
CBHW071224260726
48653CB00042B/1879